Jörg P. Ritter
Lern – und Arbeitsbücher

Band 1 / Reihe:

Fragen & Antworten für Fachwirte IHK

Thema:

Volks- und Betriebswirtschaft

Herstellung und Verlag: BoD - Books on Demand, Norderstedt

ISBN: 978-3-7392-3865-4 / 1. Auflage

© Jörg P. Ritter, Bremen, 2015

Vorwort

Das Ihnen vorliegende Buch ist für den Einsatz in der Erwachsenenbildung konzipiert. In allen Lehrgängen zum Fachwirt/in IHK, in der sich Teilnehmer und Teilnehmerinnen auf den Dienstleistungsteil ihrer Prüfung vorbereiten kommt dieses Buch zum Einsatz und bereitet Sie auf den Grundlagenteil zum Thema Volks- und Betriebswirtschaft vor.

Ziel dieses Buches ist nicht, die komplette Theorie zu dem Thema Volks- und Betriebswirtschaft durchzunehmen. Vielmehr habe ich bei der Konzeption dieses Buches vorhandene und bereits geschriebene Prüfungen betrachtet und nur die wichtigsten Fragen zusammengestellt, die am häufigsten abgeprüft wurden.

Für Kritik, Fragen und Anregungen bin ich stets dankbar und bitte Sie mir eine E-Mail an: joergpritter@gmail.com zu senden.

Bremen, November 2015

Jörg P. Ritter

3

1.1 Volkswirtschaft – Markt – Preis – Wettbewerb

Als **Volkswirtschaft** wird die Gesamtheit aller, einem Wirtschaftsraum - üblicherweise ein Staat oder Staatenverbund - zugeordneten Wirtschaftssubjekte wie Haushalte, Unternehmen und der Staat bezeichnet. Oft wird auch der Wirtschaftsraum selbst als Volkswirtschaft bezeichnet. Die Volkswirtschaft ist Hauptuntersuchungsgegenstand der Volkswirtschaftslehre.

Zentrale Punkte bei der Betrachtung einer Volkswirtschaft sind die Fragen nach ihrer Leistung, also dem Bruttoinlandsprodukt / Volkseinkommen und der Einkommensverteilung, ihrer Preisentwicklung, ihrer Struktur, dem Grad ihrer Beschäftigung - Arbeitslosigkeit - und ihrer Offenheit, dem Außenhandel. Darüber hinaus können Veränderung dieser Größen mit der Konjunktur und ihren Zyklen in Verbindung gebracht und betrachtet werden.

Im Vergleich zu anderen Volkswirtschaften in anderen Ländern, kann auch der Grad der Entwicklung anhand verschiedener Faktoren verglichen werden. Die zahlenmäßige Darstellung der Transaktionsgrößen erfolgt in der volkswirtschaftlichen Gesamtrechnung.

Alle natürlichen Personen in einer Volkswirtschaft verfolgen ihre Individual-Interessen, innerhalb eines mehr oder weniger formalisierten institutionellen Rahmens. Damit ergeben sich Synergien, welche die volkswirtschaftliche Gesamtleistung bestimmen. Höhere Effizienz einer Volkswirtschaft gegenüber einer anderen manifestiert sich i.d.R. in geringeren Erwerbslosen-Zahlen. Die Effizienz wiederum ergibt sich aus der Summe der individuellen Leistungs-Potenziale. Einflussfaktoren sind ferner die politischen und rechtlichen Rahmenbedingungen.

In der Ökonomie bezeichnet man als **Nachfrage** den am Markt tatsächlich geäußerten Bedarf an Gütern. Die den Bedarf äußernden Marktakteure werden als **Nachfrager** bezeichnet. Das Gegenstück zur Nachfrage ist das Angebot.

Unter **Angebot** versteht man in der Volkswirtschaftslehre allgemein die Menge von Gütern oder Dienstleistungen, die ein einzelner wirtschaftlicher Anbieter oder mehrere Anbieter zu einem bestimmten Preis verkaufen wollen.

Der Preis ist der Gegenwert für ein Produkt oder eine Dienstleistung, der meist in Geld ausgedrückt wird.

Wettbewerb bezeichnet in der Wirtschaftswissenschaft das Streben von mindestens zwei Teilnehmern nach einem Ziel, wobei der höhere Zielerreichungsgrad eines Teilnehmers einen niedrigeren Zielerreichungsgrad des anderen Teilnehmers voraussetzt.

Der Wettbewerb bedarf also mindestens eines Teilnehmers mit niedigerem Zielerreichungsgrad und wirkt damit gegen bestimmte gesellschaftliche Prinzipien wie z.B. der Gleichstellung, da er eine privilegierte Position des Teilnehmers, der den höheren Zielerreichungsgrad erreicht hat, voraussetzt.

Wettbewerbspolitik

Aus dem Interesse der Marktteilnehmer heraus, eine marktstarke Position zu erreichen, resultiert die Gefahr von *Wettbewerbsbeschränkungen*. Um sie zu verhindern, führt der Staat über eine Reihe von Behörden eine wettbewerbsorientierte *Wettbewerbspolitik* durch.

In der Ökonomie spricht man von einer Wettbewerbsbeschränkung, wenn Preis und Qualität der eigenen Leistung nicht der Disziplinierung durch einen Marktrivalen unterliegen.

Es gibt sowohl staatliche Wettbewerbsbeschränkungen - tarifäre Handelshemmnisse - z.B. Zölle und nichttarifäre Handelshemmnisse oder Staatsmonopole aber auch private Wettbewerbsbeschränkungen wie z.b. Verhaltens Koordination, Konzentration und Wettbewerbsmissbrauch.

Die Wettbewerbspolitik ist ein Bereich der Wirtschaftspolitik. Sie bezeichnet staatliche Regeln und Eingriffe mit dem Ziel, volkswirtschaftlich oder sozial schädliche Auswirkungen von z.b. Kartellen und anderen Wettbewerbsbeschränkungen zu verhindern.

Preisbildung

Das Zustandekommens eines Preises geschieht durch das Zusammenwirken von Angebot und Nachfrage. Die Preisbildung ist von der jeweiligen Marktform abhängig. Deshalb unterscheidet man grundsätzlich zwischen der Preisbildung auf vollkommenen Märkten und der Preisbildung auf unvollkommenen Märkten. Unterschieden wird z.b. zwischen der Preisbildung bei vollständiger Konkurrenz , dies ist die *freie Preisbildung,* der Preisbildung bei unvollständiger Konkurrenz bzw. bei monopolistischer Konkurrenz,der Preisbildung beim Monopol und der Preisbildung beim Oligopol. Unter den idealen Bedingungen der vollständigen Konkurrenz ist die

Preisbildung das Resultat des Zusammentreffens von Angebot und Nachfrage, bei dem sich der Gleichgewichtspreis und die Gleichgewichtsmenge bilden.

1.2 Volkswirtschaftliche Gesamtrechnung

Die **Volkswirtschaftliche Gesamtrechnung** (heute oft im Plural **Volkswirtschaftliche Gesamtrechnungen** verwendet; abgekürzt **VGR**) ist ein Teilgebiet der Makroökonomie innerhalb der Volkswirtschaftslehre und stellt ein statistisches Werk mehrerer Teilrechnungen dar. Den Schwerpunkt bilden dabei die Entstehung,Verteilung und Verwendung des **Bruttoinlandsprodukts** (BIP) und des **Bruttonationaleinkommens** (BNE). Grundlage der VGR ist die Kreislauftheorie, bei der alle Tauschvorgänge zwischen Unternehmen und Haushalten erfasst werden. Alle hergestellten Waren und Dienstleistungen bilden dabei die Wertschöpfung, sofern es sich nicht um eine Vorleistung handelt. Die Veränderung der Wertschöpfung zum Vorjahr dient als Maß der Entwicklung einer Volkswirtschaft.

Das **Bruttoinlandsprodukt, (BIP)**, gibt den Gesamtwert aller Güter, d.h. Waren und Dienstleistungen, an, die innerhalb eines Jahres innerhalb der Landesgrenzen einer Volkswirtschaft hergestellt wurden - nach Abzug aller Vorleistungen. Bei der Berechnung werden Güter, die nicht direkt weiterverwendet, sondern auf Lager gestellt werden, als Vorratsveränderung berücksichtigt.

Im Unterschied zum **Bruttonationaleinkommen** werden bei der Berechnung des BIP nur die Leistungen von **Inländern** erfasst, es wird das sogenannte *Inlands*prinzip angewendet. Das **Bruttonationaleinkommen** hingegen richtet sich nach dem *Inländerprinzip*. Es werden hierbei auch die Leistungen, von im Ausland lebenden Deutschen berücksichtigt. Werden vom BIP die Abschreibungen abgezogen, ergibt sich das Nettoinlandsprodukt (NIP).

Das BIP ist ein Maß für die wirtschaftliche Leistung einer Volkswirtschaft in einem bestimmten Zeitraum. Die Veränderungsrate des realen BIP dient als Messgröße für das

Wirtschaftswachstum der Volkswirtschaften und ist damit die wichtigste Größe der volkswirtschaftlichen Gesamtrechnung.

Das Bruttoinlandsprodukt kann sich sowohl auf Staaten als auch auf andere administrative oder geographische Einheiten beziehen.

Das **Primäreinkommen** der privaten Haushalte (einschließlich privater Organisationen ohne Erwerbszweck) enthält die Einkommen aus Erwerbstätigkeit (Arbeitnehmerentgelte) und Vermögen, die den inländischen privaten Haushalten zugeflossen sind. Zu diesen Einkommen gehören im Einzelnen das Arbeitnehmerentgelt, die Selbständigeneinkommen der Einzelunternehmen und Selbständigen, der Betriebsüberschuss aus der Produktion und von Dienstleistungen, aus eigengenutztem Wohneigentum, sowie die vom Staat empfangenen Produktions- und Importabgaben abzüglich der Subventionen. Die Summe der Primäreinkommen ergibt das Nettonationaleinkommen.

Das **Sekundäreinkommen** besteht aus dem Primäreinkommen zuzüglich empfangener Gelder wie etwa Rente, Wohngeld, Sozialbeiträge etc.

1.3 Produktionsfaktoren

Unter **Produktionsfaktoren** versteht man alle materiellen und immateriellen Mittel und Leistungen, die an der Produktion von Gütern mitwirken. Dabei ist zwischen **volkswirtschaftlicher** und **betriebswirtschaftlicher** Betrachtung zu unterscheiden.

Die klassische **Volkswirtschaftslehre** betrachtet insbesondere die Faktoren **Arbeit**, **Kapital** und **Boden**. Häufig wird auch Wissen – sprich *Humankapital* - oder die Führung eines Unternehmens als volkswirtschaftlicher Produktionsfaktor angesehen.

Auch die *Energie* ist mittlerweile als eigenständiger Produktionsfaktor identifiziert. Für uns sind aber nur die drei erstgenannten Faktoren von Bedeutung.

Der Begriff **Boden** bezeichnete ursprünglich Ackerboden, wurde im Zuge der Ausbeutung von Bodenschätzen dann aber zunächst auch auf diese erweitert.

Träger des Faktors **Arbeit** sind die einzelnen Menschen. Die Produktion aller Güter nimmt zwar ihren Ausgang bei den Stoffen der Natur, doch die Natur bietet keine gebrauchsfertigen Güter, sie bietet nur Rohstoffe bzw. Energiequellen, die der Mensch erst gewinnen oder erschließen muss. Dafür muss der Mensch Arbeit aufwenden. Dieser Produktionsfaktor hat eine quantitative Seite – also die Zahl der Arbeitskräfte - und eine qualitative Seite - der Ausbildungsstand der Arbeitskräfte.

Der Faktor **Kapital** ist der Teil des Produktionsergebnisses vorangegangener Zeiträume, der zur Produktion in den betrachteten Zeiträumen beiträgt. Einfach gesagt, Kapital ist das physische Ergebnis von in der Vergangenheit geleisteter Arbeit.

Der Ökonom unterscheidet **Sachkapital**, auch Realkapital genannt, und **Geldkapital**. Das *Sachkapital* sind Produktionsmittel, z.B. Gebäude, Maschinen und Werkzeuge.

Unter *Geldkapital* wird eine Geldsumme verstanden. Als allgemeines „**Tauschmittel**" kann Geld durch Investitionen in Sachkapital umgewandelt werden. Die Produktionsfaktoren sind regelmäßig begrenzt und substituierbar (ersetzbar).

Die **Betriebswirtschaftliche** Seite wurde nach Gutenberg wie folgt aufgeteilt: Die menschliche Arbeit teilt er in objektbezogene Arbeit , also die *Ausführung*, bzw. Arbeit am Erzeugnis und dispositive Arbeit wie *Leitung*, *Planung*, *Organisation* und *Kontrolle* ein.

Die *menschliche Arbeit* sowie die Faktoren *Betriebsmittel* und *Werkstoffe bezeichnet* Gutenberg ***Elementarfaktoren*** des betrieblichen Produktionsprozesses.

Der *dispositive Faktor – Leitung, Planung,Organisation, Kontrolle -* ergänzt die Elementarfaktoren laut Gutenberg zu einer produktiven

Einheit. Der dispositive Faktor ist hinsichtlich der optimalen Faktorkombination wichtig und bildet den planerischen und strategisch-operativen Einsatz der Elementarfaktoren im Unternehmen ab. Es handelt sich also um ein immaterielles Gut, welches nur im begrenzten Umfang ersetzt werden kann. Die Gruppe der Betriebsmittel nimmt in dieser Darstellung eine Sonderstellung ein, da sie sich den Repetier- sowie Potentialfaktoren zuordnen lässt.

Betriebsmittel, die dem Gebrauch dienen, gehören zu den Potentialfaktoren und lassen sich einerseits in *materielle* - Grundstücke, Gebäude, Anlagen, Geldmittel und *immaterielle Betriebsmittel* - Rechte, Lizenzen, Patente, Wissen, Informationen - unterteilen. Außerdem erfolgt eine Abgrenzung der Betriebsmittel, die verbraucht werden, zu den so genannten Betriebsstoffen wie Energie-, Treib-, Schmier- und Putzstoffe.

1.4 Konjunktur und Wirtschaftswachstum

Die **Stabilitätspolitik** hat das Ziel unter zu Hilfe Nahme aller wirtschaftspolitischen erforderlichen Maßnahmen , den Wirtschaftsablauf zu stabilisieren und die Volkswirtschaft möglichst im Zustand des gesamtwirtschaftlichen Gleichgewichts zu halten (Stabilitätsgesetz). Im engeren Sinn wird unter Stabilitätspolitik eine Politik der Stabilisierung des Preisniveaus verstanden. Zuweilen wird der Begriff **Stabilitätspolitik** auch für die Bewahrung einer bereits vorhandenen wirtschaftlichen Stabilität verwendet, während mit **Stabilisierungspolitik** die aktive Bekämpfung eines gesamtwirtschaftlichen Ungleichgewichts bezeichnet wird.

Unter der **Wirtschaftspolitik** versteht man die Gesamtheit der Maßnahmen, mit denen der Staat regelnd und gestaltend in die Wirtschaft eingreift. Wirtschaftspolitik legt die Regeln fest, innerhalb derer sich die weitgehend privat organisierte Wirtschaft entfalten kann. Grundsätzlich wird die Wirtschaftspolitik eingeteilt in **Ordnungspolitik, Strukturpolitik** und **Prozesspolitik**.

Die **Ordnungspolitik** bezeichnet alle staatlichen Maßnahmen, welche die Rahmenbedingungen des Wirtschaftens setzen und der Erhaltung, der Anpassung oder Verbesserung der Wirtschaftsordnung dienen sollen.

Ordnungspolitik ist insbesondere: Die Gestaltung der Eigentumsordnung, die Regelungen zur Sicherstellung wirtschaftlichen Wettbewerbs (Wettbewerbsrecht insbesondere das Kartellverbot, das Verbot von Absprachen etc., Kontrolle der Werbe- und Verkaufspraktiken etc.), die Gestaltung des Vertrags- und Haftungsrechts.

Prozesspolitik ist eine Form der Wirtschaftspolitik, bei welcher der Staat die Wirtschaftsprozesse direkt beeinflusst, um den Wirtschaftsablauf zu stabilisieren, oder das gesamtwirtschaftliche Wachstum zu fördern [1].

Wirtschaftspolitische Maßnahmen, die darauf gerichtet sind, die Rahmenbedingungen zu gestalten, innerhalb derer die Wirtschaftsprozesse stattfinden, werden der Ordnungspolitik zugeordnet. Die Prozesspolitik wirkt innerhalb des vorgegebenen ordnungspolitischen Rahmens in die Wirtschaftsprozesse ein. Als ordnungskonforme Prozesspolitik gelten Maßnahmen dann, wenn sie sich überwiegend auf die Beeinflussung der Makroökonomie beschränken und mikroökonomische Prozesse den Marktmechanismen überlässt [2].

Die *Strukturpolitik* ist ein Oberbegriff für die Gesamtpolitik der wirtschaftspolitischen Maßnahmen zur Gestaltung der Struktur der Volkswirtschaft eines Staates. Ziel der Strukturpolitik ist die Vermeidung bzw. Überwindung von Strukturkrisen, die das gesamtwirtschaftliche Gleichgewicht stören. Mit Strukturpolitik werden Veränderungen in der Wirtschaft, die durch neue Produkte, Globalisierung oder Strukturwandel hervorgerufen werden, abgeschwächt oder sozial verträglich gestaltet.

Strukturpolitik wird in folgenden Formen umgesetzt:

- als *regionale Strukturpolitik*, die durch Maßnahmen der Investitionsförderung die Ansiedlung von Industrien in Fördergebieten unterstützt

- oder als *sektorale Strukturpolitik*, die durch Subventionen und Steuervergünstigungen bestimmte Wirtschaftszweige aus politischen Gründen erhält (Erhaltungspolitik), Bsp.: Bergbau, Schiffbau

- Anpassungen an den Strukturwandel erleichtert (Anpassungspolitik)

oder bestimmte zukunftsträchtige Technologien und Wirtschaftszweige (z.B. Erneuerbare Energien) und u. a. besonders den Einsatz von künstlicher Intelligenz in modernen Industrieregionen bewusst fördert (Gestaltungspolitik).

Außenwirtschaft

Außenhandel bzw. **internationaler Handel** ist der Austausch von Waren, Dienstleistungen und Kapital über internationale Grenzen oder Hoheitsgebiete. In den meisten Ländern ist er von erheblicher Bedeutung im Verhältnis zum Bruttoinlandsprodukt (BIP). Während es den internationalen Handel in der Geschichte schon lange gibt, hat die wirtschaftliche, soziale und politische Bedeutung in den letzten Jahrhunderten zugenommen. Industrialisierung, verbesserter Transport, Globalisierung, multinationale Unternehmen und Outsourcing haben eine große Auswirkung auf das internationale Handelssystem.

Zunehmender internationaler Handel ist von entscheidender Bedeutung für die Fortsetzung der Globalisierung. Der Außenhandel ist eine wichtige Quelle für wirtschaftliche Einnahmen vieler Länder. Ohne Außenhandel wären Nationen auf die innerhalb ihrer eigenen Grenzen produzierten Waren und Dienstleistungen beschränkt.

Als **Protektionismus** (lat. *Protectio* ‚Schutz') bezeichnet man in Bezug auf ökonomische Sachverhalte alle Maßnahmen in Form von Handelshemmnissen, mit denen ein Staat versucht, ausländische Anbieter auf dem Inlandsmarkt zu benachteiligen, um den inländischen Markt zu schützen.

Maßnahmen

Ein Staat kann den eigenen Binnenmarkt schützen, indem er eine oder mehrere der folgenden protektionistischen Maßnahmen einführt.

1. *Zölle*: Zollabgaben stellen eine Art von Steuern dar und werden häufig auf importierte Waren erhoben. Dadurch verteuert sich der Import der betreffenden Güter und macht diese somit preislich weniger attraktiv. Damit wird erreicht, dass gleichartige Güter inländischer Hersteller, die z.B wegen höherer Lohnkosten teurer wären, auf demselben Preisniveau gehandelt werden und dadurch die Mengen der importierten Waren abnehmen.

2. *Einfuhrkontingente / Importquoten*: Um die Importmenge bestimmter Güter zu begrenzen, kann ein Staat hierfür ein Einfuhrkontingent festlegen. Ist das Kontingent ausgeschöpft, darf in dem für das Kontingent definierten Zeitraum keine weitere Menge der betreffenden Güterart eingeführt werden. Besonders häufig findet man Einfuhrkontingente im Agrarbereich.

3. *Subventionen*: Staatliche Subvention bestimmter Wirtschaftsbereiche ermöglichen deren Überleben, obwohl die realen Produktionskosten deutlich über dem Weltmarktpreis liegen. Ohne diese Beihilfen würde die inländische Produktion zum Erliegen kommen, da gleichwertige Güter auf dem Weltmarkt deutlich günstiger eingekauft werden könnten. Es werden dabei die verschiedensten Subventionsmittel angewendet, wie etwa

Steuererleichterungen, Gewährung vergünstigter Kredite, direkte Finanzhilfen und andere. Besonders häufig sind in Deutschland Subventionen der Agrarwirtschaft. Zum Teil werden auch neue Industriezweige subventioniert (etwa die Solartechnik), bis diese sich etabliert haben.

4. *Exportsubventionen*: Exportsubventionen sind staatliche Beihilfen, um den Export heimischer Güter zu ermöglichen, die aufgrund hoher Produktionskosten ohne diese Stütze am Weltmarkt chancenlos wären. In der EU werden vor allem Agrarprodukte wie Milch, Fleisch oder auch Zucker mit solchen Subventionen unterstützt.

5. *Konformitätsanforderungen*: In einigen Binnenmärkten ist das Inverkehrbringen bestimmter Waren abhängig vom Erfüllen gewisser Standards (CE-Kennzeichnung in der EU). Oder Bestimmungen zur Lebensmittelsicherheit, Umweltstandards etc.). Auch hierin kann eine gewisse Art des Protektionismus gesehen werden, da es den Freihandel einschränkt.

Begründung für den Protektionismus

Ziel ist es in der Regel, bestimmte Produkte oder Branchen eines Landes zu fördern oder die eigene Volkswirtschaft generell zu unterstützen. Zudem wird versucht, den Aufbau neuer, noch nicht wettbewerbsfähiger Industriezweige zu ermöglichen, da diese Industriezweige in der Anfangsphase dem Druck des Weltmarkts nicht standhalten würden. Ehemalige Entwicklungsländer wie China konnten so zu Schwellenländern bzw. Industrienationen aufsteigen [3].

Betriebliche Funktionen

Sind die mit einem einheitlichen und abgegrenzten Aufgabengebiet und Verantwortungsbereich betrauten Organisationseinheiten in einem Unternehmen, ohne die das Unternehmen seinen Betriebszweck und seine Unternehmensziele nicht erfüllen kann.

Betriebliche Funktionen sind auf betriebliche Leistungsfaktoren gerichtete Aufgaben, die am Betriebszweck und an Unternehmenszielen orientiert sind [4].Während der Betriebszweck das Sachziel (Herstellung oder Handel von oder mit bestimmten Gütern/Dienstleistungen) verfolgt, sind die Unternehmensziele als Formalziele auf die Gewinnerzielung ausgerichtet. Um diese Ziele zu erreichen, muss ein Betrieb organisatorische Vorkehrungen treffen und Aufgabenträger benennen.

In der betrieblichen Aufbauorganisation sind die zu erfüllenden Aufgaben nach dem Verrichtungsprinzip zusammengefasst, so dass eine Gliederung nach Funktionen entsteht. Die Fachliteratur unterscheidet dabei zwischen betrieblichen *Grundfunktionen* und *Querschnitts-* bzw. *Servicefunktionen* [5].

Grundfunktionen sind Aufgabengebiete, ohne die ein Betrieb nicht funktionieren kann [6]:

1. Die Beschaffung befasst sich mit dem Einkauf von Roh-, Hilfs- und Betriebsstoffen (bei Produktionsbetrieben) und Fertigerzeugnissen (im Handel).

2. Die Produktion beinhaltet die Erstellung von materiellen und immateriellen Gütern und/oder Dienstleistungen.

3. Der Vertrieb (Absatz) befasst sich mit dem Verkauf der produzierten Güter und/oder Dienstleistungen am Markt.

4. Die Finanzierung umfasst alle Prozesse, die sich auf die monetäre Versorgung und Steuerung zwischen Kapitalbeschaffung und Kapitalverwendung beziehen.

Die Querschnitts- oder Servicefunktionen weisen einen direkten Bezug zu den betrieblichen Grundfunktionen auf [7]:

1. Die Unternehmensleitung ist mit der Führung eines Unternehmens betraut.

2. Das Personalwesen befasst sich mit der Beschaffung, Betreuung und Verwaltung des Personals.

3. Die Verwaltung ist mit bürokratischen Aufgaben betraut.

4. Die Information befasst sich mit der Informationsgewinnung und Informationsverarbeitung.

5. Die Forschung und Entwicklung hat die Aufgabe, neue Produkte/Dienstleistungen zu erfinden und bestehende weiterzuentwickeln.

6. Die Logistik soll für einen optimalen Zusammenfluss von Material-, Wert- und Informationsströmen sorgen.

Die Finanzierung wird manchmal zu den Querschnittsfunktionen gerechnet, weil argumentiert wird, dass sie den anderen Grundfunktionen diene.

Existenzgründung

Als **Existenzgründung** wird die Realisierung einer beruflichen Selbständigkeit bezeichnet. Im wirtschaftlichen Sinne bedeutet es eine Unternehmensgründung, wobei dieser Begriff eher für Gründung größerer Unternehmen jenseits des Mittelstands benutzt wird. In Deutschland erfolgt die Existenzgründung bei gewerblichen Klein- und Mittelunternehmen und Freiberuflern zunächst häufig in der Form von Einzelunternehmen.

Eine Existenzgründung bedeutet regelmäßig einen Wandel im Lebensalltag. Beruflich ist die Selbständigkeit mit der Wahl des Berufs als Unternehmerin/Unternehmer verbunden: neben der Fachkompetenz sind insbesondere Selbstkompetenz und Methodenkompetenz gefragt, um ein Unternehmen zu gründen, zu führen und zu steuern sowie Aufgaben zu lösen. Hierzu gehören:

- Definition von Produkten, Leistungen und Argumenten für

Kundengespräche (Verkaufsgespräche)

- Marktbeobachtung und Einschätzung von Risiken und Chancen
- private Vorsorge für Unfälle, Alter und unvorhergesehene Ereignisse (auch die Sorge für die laufenden Betriebskosten, Löhne usw.)
- Kommunikation und Auseinandersetzung mit Ämtern und Behörden (Ordnungsamt, Finanzamt, Gesundheitsamt usw.)
- Kommunikation und Auseinandersetzung mit Verbänden (IHK, Handwerkskammer, Berufsgenossenschaft usw.)
- Erstellen von Kalkulationen und Vorgaben (z.B. Absatzvorgaben) sowie deren Steuerung und Erfolgskontrolle
- Selbstmotivation und Selbstkontrolle (Termine, Aufgaben, Arbeits-/Freizeit usw.)

Die Existenzgründung erfolgt durch Beginn der Geschäftstätigkeit, formaljuristisch durch die Gewerbeanmeldung beim Gewerbeamt oder bei freien Berufen durch Anmeldung der freiberuflichen Tätigkeit beim zuständigen Finanzamt. Damit ist der erste Teil der Gründung abgeschlossen. Im Nachgang können weitere Formalitäten auf die Gründer zukommen, wie etwa die Mitgliedschaft in der Industrie- und Handelskammer (IHK) (oder der Handwerkskammer bei zulassungspflichtigen und zulassungsfreien Handwerken sowie bei handwerksähnlichen Gewerben)[8]. Die Mitgliedschaft in den Kammern ist verpflichtend.

Eine spezielle Erlaubnis benötigen z.B. Versicherungsvermittler, bestimmte Gastronomen sowie Waffenhändler oder Apotheker.

In der Regel werden bei einer Gewerbeanmeldung neben den Kammern auch das Finanzamt, die Berufsgenossenschaft sowie das statistische Landesamt automatisch informiert.

Businessplan

Grundlage für die Beantragung von Fördermitteln ist in der Regel ein Businessplan. Dieser enthält möglichst detaillierte Informationen zu den Gründern, zum Produkt, zum Markt und zur Finanzierung.

Rechtsform

Wer ein Unternehmen gründet, muss sich zunächst für eine Rechtsform entscheiden. Die Rechtsformwahl ist ein typisch betriebswirtschaftliches Entscheidungsproblem, weil sich aus den unterschiedlichen Ausprägungen einzelner Rechtsformen weitreichende betriebswirtschaftliche Konsequenzen ergeben können [9]. Die Wahl der Rechtsform wirkt sich auf mitgliedschafts- und haftungsrechtliche sowie steuerliche Überlegungen aus. Hierzu gehören die Haftung der Gesellschafter und deren Recht zur Geschäftsführung, Betriebsgröße, Kapitalbedarf, Börsenfähigkeit, Aufnahme neuer Mitgesellschafter, Rechnungslegung, Publizitätspflichten, Mitbestimmungs- (ausgeschlossen bei OHG und KG), Konzern- (AG) oder gewerberechtliche Fragen als Entscheidungskriterien (10). Während bei Personengesellschaften mindestens ein Gesellschafter auch mit seinem gesamten privaten Vermögen für die Verbindlichkeiten der Gesellschaft haftet (Ausnahme: GmbH & Co. KG), ist die Haftung bei Kapitalgesellschaften begrenzt (z.B. auf die jeweiligen Einlagen der Gesellschafter). Wird eine natürliche Person unternehmerisch tätig, so haftet sie mit ihrem Gesamtvermögen. Es können jedoch auch Ein-Personen – GmbH´s gegründet werden, in denen ein Gesellschafter alle Anteile besitzt.

In Deutschland sind 14 Rechtsformen (ohne Mischformen) zulässig. Jeder Zusammenschluss von natürlichen Personen zu einer Gesellschaft löst eine Entscheidung auch über deren Rechtsform aus. In Deutschland und international wird generell zwischen Rechtsformen des Privatrechts und öffentlichen Rechtsformen unterschieden [11].

- Im *Privatrecht* gibt es die Personen- und Kapitalgesellschaften. Zu den Personengesellschaften gehören Verein, BGB-Gesellschaft, OHG, KG und. Kapitalgesellschaften sind die AG, KGaA und GmbH.

- Das *öffentliche Recht* kennt Regiebetriebe (die ursprünglichste Rechtsform der öffentlichen Hand), Eigenbetriebe (Rechtsform ist in den Eigenbetriebs-VO geregelt), Anstalten des öffentlichen Rechts, Körperschaften des öffentlichen Rechts und die öffentliche Stiftung. Sie werden nicht wie die Rechtsformen des Privatrechts durch einen Gesellschaftsvertrag gegründet, sondern kraft Gesetzes oder Satzung.

Weitere Informationen zu den Rechtsformen finden Sie in den Fragen 44.1 bis 50.1.

Fragen und Lösungsteil

Fragen und Antworten zur Volks- und Betriebswirtschaft

1.1 Wie reagiert der Preis auf Veränderungen des Angebotes und der Nachfrage und umgekehrt?

Der Preis bildet sich am Markt durch den Einfluss von Angebot und Nachfrage. Umgekehrt werden Angebot und Nachfrage durch den Preis beeinflusst. Bei hohem Preis steigt das Angebot, sinkt aber die Nachfrage, bei niedrigen Preis ist es umgekehrt. Durch diesen Einfluss bildet sich ein optimaler Preis. Die Nachfrage hängt also invers vom Preis ab d.h. mit steigenden Preise sinkt die Nachfrage.

2.1 Wovon hängt der Preis für ein Gut ab?

Der Preis für ein Gut hängt von unterschiedlichen Faktoren ab: dem Preis konkurrierender Güter, den Bedürfnissen der Nachfrager, dem Einkommen der Nachfrager, den Ersparnissen der Nachfrager, den Kreditmöglichkeiten der Nachfrager, und nicht zuletzt natürlich auch von dem Preis des Gutes.

3.1 Wodurch kann sich die Nachfrage nach einem Gut verändern?

Die Nachfrage nach einem Gut kann sich auch durch andere Dinge verändern, wie zum Beispiel dem Preis anderer Güter, neuen technischen Produktionsverfahren, Veränderungen in der in den Produktionskosten, und der Erwartungsänderung der Konsumenten.

4.1 Was ist ein Bedürfnis und wie lässt es sich unterteilen?

Ein Bedürfnis ist ein Mangelerlebnis, bei dem ein Drang besteht, dass dieses Bedürfnis befriedigt wird. Es lässt sich in drei Arten unterteilen erstens: nach der Dringlichkeit wie zum Beispiel Existenzbedürfnisse, Kulturbedürfnisse und Luxusbedürfnisse. Zweitens nach der Bewusstheit wie zum Beispiel offenen Bedürfnissen und latenten Bedürfnissen. Und drittens nach der Art der Befriedigung, wie z.B. Individualbedürfnisse oder Kollektivbedürfnisse.

5.1 Wodurch verändert sich das Angebot für ein Gut?

Das Angebot verändert sich durch die Veränderung folgender Faktoren: der Technik, der Anbieterzahl, den Produktionskosten und dem Preis anderer Güter.

6.1 Wie erfolgt die Preisbildung auf unvollkommenen Märkten?

Auf unvollkommenen Märkten lassen sich die Preisbildung auf Monopolmärkten und auf Oligopolmärkten unterscheiden. Auf Monopolmärkten bestimmt der Monopolist im Preis. Der Preis ist nicht von Angebot und Nachfrage abhängig, sondern wird vom Monopolisten in Abhängigkeit von dessen Mengen Wunsch festgesetzt. Auf Oligopol Märkten ist die Preisbildung zwar nicht vom Anbieter festsetzbar, aber nicht frei am Markt bildbar, da die Anbieter jeweils die Reaktion der eigenen Konkurrenten in Überlegungen einbeziehen müssen.

7.1 Was sind die wesentlichen Instrumente des Staates gegen Wettbewerbsbeschränkungen?

Die wesentlichen Instrumente sind: Kartellverbote, Kontrolle marktbeherrschender Stellung und die Fusionskontrolle.

8.1 Was ist ein Kartell?

Ein Kartell ist ein zeitlich begrenzter, vertraglich vereinbarter Zusammenschluss rechtlich und wirtschaftlich selbstständig bleibender Unternehmen derselben Branche mit dem Ziel, den Wettbewerb in irgendeiner Form zu verhindern oder einzuschränken.

9.1 Wann liegt eine Marktbeherrschende Stellung vor?

Eine marktbeherrschende Stellung wird dann vermutet wenn ein Unternehmen ein Drittel Marktanteil, drei Unternehmen 50 % Marktanteil oder fünf Unternehmen zwei Drittel Marktanteil aufweisen.

10.1 Wann ist eine Fusion kontrollpflichtig?

Fusionen sind nach dem GWB Kontrollpflichtig, wenn die beteiligten Unternehmen insgesamt weltweite Umsatzerlöse von mehr als 500 Millionen € erzielt haben und mindestens ein beteiligtes Unternehmen im Inland Umsatzerlöse von mehr als 25 Millionen € erzielt hat.

11.1 Nennen Sie Maßnahmen des Staates zum Eingriff in die Preisbildung und Beispiele dafür!

Durch verschiedene Maßnahmen greift der Staat in die Preisbildung ein. Dies können z.b. Förderzahlungen an bestimmte Branchen sein (Landwirtschaft), die Förderung strukturschwacher Gebiete oder die Förderung bestimmter Technologien (Solaraenergie).

12.1 Was ist das Bruttoinlandsprodukt?

Das Bruttoinlandsprodukt gibt die Produktion von Waren bzw. Dienstleistungen in der Bundesrepublik an. Dabei spielt es keine Rolle ob der Produzent In- oder Ausländer ist.

13.1 Was ist das Bruttonationaleinkommen?

Das Bruttonationaleinkommen gibt die Produktion von Waren und Dienstleistungen der **deutschen** Produzenten an – hierbei spielt es keine Rolle ob diese Waren und Dienstleistungen im In- oder Ausland produziert wurden.

14.1 Wie ist der rechnerische Zusammenhang zwischen Bruttoinlandsprodukt und Bruttonationaleinkommen?

Das Bruttoinlandsprodukt setzt sich folgendermaßen zusammen:

- geleistetes Faktoreinkommen
+ empfangenes Faktoreinkommen
= Bruttonationaleinkommen

15.1 Was bedeutet personelle und funktionale Einkommensverteilung?

Die personelle Einkommensverteilung beantwortet die Frage: **Wer** das Einkommen erzielt hat – unabhängig von der Quelle. Die Funktionale Einkommensverteilung beantwortet die Frage **wodurch** das Einkommen erzielt wurde.

16.1 Was bedeutet primäre und sekundäre Einkommensverteilung?

In der primären Einkommensverteilung wird aufgezeigt, wie anhand von Marktergebnissen einzelne Produktionsfaktoren vergütet werden. Die sekundäre Einkommensverteilung ist das Einkommen des entsteht wenn der Staat eingreift, es müssen also z.B. Kindergeld oder Wohngeld hinzugerechnet werden.

17.1 Nennen sie volkswirtschaftlichen Produktionsfaktoren!

Die volkswirtschaftlichen Produktionsfaktoren sind: **Arbeit**, **Boden**, **Kapital**.

18.1 Nennen Sie betriebswirtschaftlichen Produktionsfaktoren!

Als betriebswirtschaftliche Produktionsfaktoren sind Arbeitskraft, Betriebsmittel wie z.B. Gebäude und Maschinen, die dispositiven Faktoren – Leitung, Planung, Organisation und Kontrolle sowie Bildung und Information zu nennen.

19.1 Welche Einkommensarten werden im Rahmen der Einkommensverteilung unterschieden?

Vier Einkommensarten müssen hier unterschieden werden: zum einen das Arbeitseinkommen das aus Lohn und Gehalt einer unselbstständigen Tätigkeit besteht, dem Unternehmereinkommen, dem Bodeneinkommen, dass ist das Einkommen aus dem Produktionsfaktor Boden und dem Kapitaleinkommen, dass sind die Zinsen auf den Kapitaleinsatz.

20.1 Wie ergibt sich das Nettoeinkommen aus Unternehmertätigkeit?

Das Nettoeinkommen aus Unternehmertätigkeit ergibt sich folgendermaßen: von dem Bruttoeinkommen
und dem Vermögen aus Unternehmertätigkeit werden die öffentlichen Abgaben (Steuern) auf das Einkommen aus Unternehmertätigkeit und Vermögen des Unternehmers abgezogen, zudem wird es um die sonstigen Zu- und Absetzungen korrigiert.

21.1 Wie ergibt sich die Nettolohn- und Gehaltssumme aus unselbstständiger Tätigkeit?

Die Nettolohn bzw. Gehaltssumme ergibt sich sodann, wenn von dem Bruttoeinkommen des Arbeitnehmers die tatsächlichen sowie die unterstellten Sozialbeiträge der Arbeitgeber abgezogen wurden. Von dieser Summe wiederum - Bruttolohn bzw. Gehaltssumme - wenn dann Lohnsteuer und tatsächliche Sozialbeiträge der Arbeitnehmer abgezogen.

22.1 Was ist die Lohnquote?

Die Lohnquote ist das Verhältnis von Bruttoeinkommen (unselbstständige Tätigkeit) zum Volkseinkommen.

23.1 Was ist die Gewinnquote?

Die Gewinnquote ist das Ergebnis aus Unternehmertätigkeit und Vermögen - dies wird im Verhältnis zum Volkseinkommen dargestellt.

24.1 Welcher Zusammenhang besteht zwischen Lohn- und Gewinnquote?

Beide Quoten ergeben zusammen immer 100 %. Wird die Lohnquote erhöht bedeutet dies automatisch eine Absenkung der Gewinnquote, umgekehrt ist dies der gleiche Fall.

25.1 Wodurch verschieben sich Lohn- und Gewinnquote?

Es kann unterschiedliche Gründe haben, warum sich die Verhältnisse zwischen Lohn- und Gewinnquote verändern. So kann es z.B. sein, dass sich der Anteil der Unternehmer ändert, dies hat zur Folge das sich die Gewinnquote mit verändert. Eine weitere Möglichkeit wäre die Veränderung der Arbeitsstunden von Unternehmern. Auch dies hätte eine Wirkung auf die Gewinnquote. Anm.: Arbeitsstunden von Unternehmern werden in der Lohnquote nicht berücksichtigt. Dies führt zur Verzerrung des Sachverhalts der Quoten.

26.1 Was ist der Unterschied zwischen Arbeitslohn und Arbeitskosten?

Zum einen muss unterschieden werden in den Arbeitslohn, den die Mitarbeiter erhalten, und die Arbeitskosten, die vom Unternehmen zu zahlen sind. In Anbetracht der letzten Jahre muss festgestellt werden, dass auf der einen Seite die Arbeitskosten gestiegen, der Arbeitslohn dagegen aber relativ gleich geblieben ist. Das der Arbeitslohn nur leicht angestiegen ist liegt hauptsächlich an den tariflichen Lohnsteigerungen die nicht so hoch ausgefallen sind. Auf der anderen Seite liegt der Anstieg der Arbeitskosten hauptsächlich an den stetig steigenden Sozialversicherungsbeiträgen.

27.1 Worin besteht der Unterschied zwischen Nominal- und Reallohn?

Unterschieden werden muss im Rahmen des Arbeitslohns zwischen Real- und Nominallohn. Den absoluten Lohn, also das was man auf der Hand hat, wird als Nominal Lohn, der um die Inflation bereinigte Lohn, wird als Real Lohn bezeichnet.

28.1 Welche Wirtschaftszyklen treten einer Konjunktur auf?

In einem Wirtschaftszyklus treten verschiedene Konjunkturphasen auf. Der Begriff Konjunktur ist als Oberbegriff für diese Phasen zu betrachten. Demzufolge folgt auf eine Depression der Aufschwung, dieser wird wiederum von der Hochkonjunktur abgelöst die dann wieder in der Rezession mündet, darauf folgt wieder eine Depression.

29.1 Über welche Instrumente versucht der Staat, dass Wirtschaftswachstum zu verstetigen?

Der Staat versucht über verschiedene Instrumente das Wirtschaftswachstum zu verstetigen, also gleichmäßig wachsen zu lassen, diese sind: Investitionen, Exporte, Importe, Staatseinnahmen/Staatsausgaben und Investitionen.

30.1 Wie reagiert der Staat in einer Rezession mit der Stabilitätspolitik?

Üblicherweise werden während einer Rezession z. B. die Staatsausgaben drastisch erhöht.

31.1 Aus welchen Teilgebieten besteht die Wirtschaftspolitik?

Generell lässt sich die Wirtschaftspolitik in drei Bereiche unterteilen: die **Ordnungspolitik**, **Strukturpolitik** und die **Prozesspolitik**.

32.1 Welche Aufgabe hat die Ordnungspolitik?

Zu der Ordnungspolitik zählen alle Maßnahmen, die langfristig die Rahmenbedingungen der Wirtschaft beeinflussen.

33.1 Welche Aufgabe hat die Prozesspolitik?

Die Erklärung zur Prozesspolitik liegt bereits in dem Wort selbst, denn hier werden bei gegebenen Rahmenbedingungen die Prozesse beeinflusst.

34.1 Welche Aufgabe hat die Strukturpolitik?

In der Strukturpolitik wird versucht die Zusammensetzung der Volkswirtschaft zu beeinflussen.

35.1 Wie lassen sich Handelshemmnisse unterteilen?

Handelshemmnisse lassen sich zum einen in tarifäre Handelshemmnisse unterscheiden, diese sind Hauptsächlich Zölle, und den nicht tarifären Handelshemmnissen zu denen z.b. Dinge wie Importverbote, Verpackungsvorschriften, Gesundheits-, Sicherheits- und Umweltstandards oder freiwillige Exportbeschränkungen zählen

36.1 Welche Voraussetzungen müssen für die Teilnahme an der Europäischen Wirtschafts- und Währungsunion erfüllt sein?

Um sich an der Europäischen Wirtschafts und Währungsunion zu beteiligen, müssen folgende Kriterien erfüllt sein: die staatliche Gesamtverschuldung durfte maximal 60 % des Bruttoinlandsproduktes betragen, eine staatliche Neuverschuldung- also das Haushaltsdefizit-darf maximal 3 % des Bruttoinlandsproduktes betragen.

Die Inflationsrate darf maximal 1,5 % über der durchschnittlichen Inflationsrate der drei (Währungs) stabilsten Mitgliedsländer liegen. Ein langfristiges Zinsniveau, maximal 2 %, über den durchschnittlichen Zinsniveau der drei Mitgliedsländer mit der niedrigsten Inflationsrate muss gewährleistet sein. Eine Währungsstabilität in den letzten zwei Jahren vor der Währungsunion bzw. vor dem Beitritt zur Währungsunion muss gegeben sein.

37.1 Welcher Hauptfunktion in einem Unternehmen werden unterschieden?

Folgende Hauptfunktion kann man in einem Unternehmen unterscheiden. Die Leitung, Beschaffung / Logistik, Produktion-und Fertigungswirtschaft, Transport / Logistik, die Personal- und Informationswirtschaft sowie den Absatz, die Finanzwirtschaft und die Abteilung für Forschung und Entwicklung.

38.1 Erläutern sie kurz die Hauptfunktionen in einem Unternehmen!

Unter dem Begriff Leitung versteht man die Führung des Unternehmens also das oberste Leitungsorgan. Mit dem Einkauf von Werkstoffen, Betriebsmitteln und der Lagerung ist die Beschaffung beschäftigt. Den Kern eines Industriebetriebes bildet die Produktion. Die Produktion beinhaltet die Erstellung von immateriellen und materiellen Gütern bzw. Dienstleistungen. Der Begriff der Produktion darf nicht mit dem Begriff der Fertigung verwechselt werden.

Die Fertigung beinhaltet nur materielle Güter. In der Sparte Transport und Logistik besteht die Hauptfunktion darin Güter bzw. Dienstleistungen zu transportieren, auf der anderen Seite soll ein optimaler Zusammenfluss von Material-, Wert und Informationen gewährleistet sein. In der Personalwirtschaft ist die Betreuung und Verwaltung des Produktionsfaktors Arbeit die Haupttätigkeit.

In der Informationswirtschaft werden Informationen gewonnen und verarbeitet, zudem soll die Informationswirtschaft diesen Informationsfluss optimieren. Im Bereich Absatz ist die Hauptfunktion, die produzierten Güter und Dienstleistungen am Markt abzusetzen (zu Verkaufen). Die Finanzwirtschaft hat zwei

Aufgaben; zum einen die Finanzierung und zum anderen die Investition. Die Investitionen ist die Kapital Verwendung, die Finanzierung, die Kapitalherkunft. Hier geht es also ganz einfach um die Frage, wo investiert wird und wo das Kapital dafür herkommt.

In der Abteilung Forschung und Entwicklung schlussendlich, besteht die Hauptaufgabe darin, bestehende Produkte weiterzuentwickeln bzw. neue Produkte zu "erfinden" bzw. zu "erforschen".

39.1 Welche Voraussetzungen müssen für eine Existenzgründung erfüllt sein?

Es müssen verschiedene Voraussetzungen erfüllt sein um eine Existenzgründung durchführen zu können. Zunächst braucht der potentielle Existenzgründer eine Geschäftsidee aus dem ein Unternehmen entstehen kann.

Desweiteren muss ein Existenzgründer dazu in der Lage sein, ein Unternehmen selbstständig zu führen. Ausreichende finanzielle Mittel sind eine Grundvoraussetzung für den Existenzgründer, um in der Anfangsphase sein Unternehmen zu finanzieren-erfahrungsgemäß dauert es einige Zeit bevor ausreichend ein Geldrückfluss entsteht. Zudem sollte ein Businessplan angefertigt werden mit dem potentielle Geschäftspartner überzeugt werden können. Um eine ausreichend ausgearbeiteten Plan wird es sehr schwierig, z.B. Banken von dem Vorhaben der Geschäftsidee zu überzeugen.

40.1 Welche Inhalte hat ein Businessplan?

In einem Businessplan müssen verschiedene Inhalte aufgeführt sein, diese sind: eine Zusammenfassung sowie die Geschäftsidee, Produktplanung. Eine Markt- und Konkurrenzanalyse. Der Standort sowie die Rechtsform, Gründerperson, dass Management und die Mitarbeiter sollten hier auch angegeben werden. Weitere Punkte für den Businessplan sind außerdem das aufzeigen von Marketingmaßnahmen sowie die Organisation, die Chancen und Risiken des Unternehmens sowie die Finanzierung und eine Wirtschaftlichkeitsberechnung.

41.1 Welche Voraussetzungen muss eine Personenhandelsgesellschaft erfüllen?

Personenhandelsgesellschaften müssen verschiedene Voraussetzungen erfüllen, diese sind in §§ 21 ff. HGB geregelt. Hierzu gehören zum Beispiel: nach § 29 HGB ist jeder Kaufmann dahingehend verpflichtet, seine Firma, den Ort sowie die Anschrift im Inland bei dem Gericht in dessen Gerichtsbezirk sich die Niederlassung befindet zum Handelsregister anzumelden. Nach § 30 Abs. 1 HGB muss sich jede neue Firma von allen anderen am gleichen Ort befindlichen Firmen in der gleichen Gemeinde die in das Handelsregister oder Genossenschaftsregister eingetragen sind, deutlich unterscheiden.

Nach §§ 21,22 und 24 HGB kann die bisherige Firma bei veränderten Verhältnissen unter bestimmten Bedingungen weitergeführt werden. Für ein Handelsgewerbe darf der Kaufmann nur eine Firma führen - zulässig sind nur Zweigniederlassungen.

42.1 Welche Rechtsform lassen sich bei Personengesellschaften unterscheiden?

Bei Personengesellschaften lassen sich folgende Unterscheidungen treffen. Es gibt hier die 1. Offene Handelsgesellschaft, 2. Kommanditgesellschaft, 3. die Gesellschaft bürgerlichen Rechts, 4.

Partnergesellschaft, die 5. Stille Gesellschaft sowie die 6. UG die Unternehmergesellschaft.

43.1 Welche Rechtsform lassen sich bei Kapitalgesellschaften unterscheiden?

Bei Kapitalgesellschaften wird grundsätzlich unterschieden in eine Aktiengesellschaft - AG, Gesellschaft mit beschränkter Haftung also die GmbH, und die Kommanditgesellschaft auf Aktien die KG aA.

44.1 Beschreiben Sie die wesentlichen Elemente einer GbR!

Eine GbR - also eine Gesellschaft bürgerlichen Rechts - ist nicht voll rechtsfähig, kann aber selbst klagen oder verklagt werden. Zudem kann die GbR, Gesellschafter anderer Gesellschaften werden oder z.B. auch Schecks ausstellen. Für die Gründung einer GbR sind grundsätzlich mehrere Personen notwendig, die durch den Gesellschaftsvertrag dazu verpflichtet werden, die Erreichung eines gemeinsamen Zwecks der durch den Vertrag vereinbart ist, in bestimmter Art und Weise zu fördern. Insbesondere wird darauf hingewiesen dass die vereinbarten Beiträge zu leisten sind, siehe § 705 BGB.

Zudem muss nach § 718 BGB das Gesellschaftsvermögen, die Beiträge der Gesellschafter und die anfallende Geschäftstätigkeit erbracht werden. Nach § 719 BGB ist das Gesellschaftsvermögen gesamthänderisch gebunden. Dies bedeutet, dass der einzelne Gesellschafter weder über seinen Anteil verfügen kann, noch die Teilung des Vermögens verlangen kann. Ist im Gesellschaftsvertrag nichts anderes vereinbart, wird der Gewinn nach Köpfen verteilt, siehe § 722 BGB.

45.1 Beschreiben Sie die wesentlichen Elemente einer OHG!

Eine offene Handelsgesellschaft - OHG - hat den Zweck ein Handelsgewerbe zu betreiben. Auch die
OHG ist nicht voll rechtsfähig, kann aber selbst klagen oder verklagt werden. Als Gesellschafter kann sie sich an anderen Gesellschaften beteiligen und Schecks ausstellen. Nach § 124 HGB kann die OHG Grundstücke in ihrem Namen erwerben. Nach § 105 Abs. 3 HGB ist die Gründung einer OHG formfrei, muss aber grundsätzlich auf den Betrieb eines Handelsgewerbes ausgerichtet sein und zudem ins Handelsregister eingetragen werden - siehe § 106 HGB. Für die Verbindlichkeiten der Gesellschaft haften die Gesellschafter gegenüber den Gläubigern als Gesamtschuldner persönlich, siehe § 128 HGB.

Kommen neue Gesellschafter dazu, haften diese für alle Verbindlichkeiten die fünf Jahre vor dem Eintritt in die Gesellschaft entstanden sind, diese Haftung verjährt fünf Jahre nach dem die Gesellschaft aufgelöst wurde. Ist in dem Gesellschaftsvertrag nichts anderes vereinbart, wird auch hier eine Verteilung der Gewinne nach Köpfen - siehe § 722 BGB vorgenommen. Allerdings erhält jeder Gesellschafter nur bis zu 4 % seiner Kapitalanteile als Gewinnausschüttung.

46.1 Beschreiben Sie die wesentlichen Elemente einer KG!

Eine KG - Kommanditgesellschaft - ist wie eine OHG eine Handelsgesellschaft. Die

Komplementäre in der Kommanditgesellschaft haften als Gesellschafter unbeschränkt, Kommanditisten nur teilweise. Der Komplementär haftet also persönlichen unmittelbar für alle Schulden der Kommanditgesellschaft, hat aber die gleichen Rechte wie die

Gesellschafter einer OHG. Der Kommanditist hingegen haftet nur mit seiner Einlage, dafür ist er von der Geschäftsführung ausgeschlossen. Nach § 722 BGB gilt auch hier - ist im Gesellschaftsvertrag nichts anderes vereinbart, wird eine Gewinnverteilung nach Köpfen vorgenommen, auch hier erhält jeder Gesellschafter bis zu 4 % seiner Kapitalanteile als Gewinnausschüttung.

47.1 Beschreiben Sie die wesentlichen Elemente einer AG!

Eine Aktiengesellschaft ist eine Kapitalgesellschaft mit eigener Rechtspersönlichkeit. Sie ist also eine juristische Person. Für die Verbindlichkeiten gegenüber Gläubigern wird mit dem Gesellschaftsvermögen gehaftet. Das Grundkapital ist in Aktien aufgeteilt. Das Grundkapital einer Aktiengesellschaft muss mindestens 50.000 € betragen wobei der mindest Nennwert pro Aktie 1,- Euro beträgt. Eine Aktiengesellschaft hat drei Organe, diese sind die Hauptversammlung, sie ist die Vertretung der Kapitalanleger, der Aufsichtsrat, der von der Hauptversammlung bestimmt wird und Überwachungsaufgaben wahrnimmt, sowie der Vorstand der die Geschäfte führt.

48.1 Beschreiben Sie die wesentlichen Elemente einer GmbH.

Auch die GmbH - also die Gesellschaft mit beschränkter Haftung - ist eine juristische Person. Die Gesellschafter haften nur mit den Einlagen auf das Stammkapital. Eine GmbH kann durch eine Einzelperson gegründet werden, das Stammkapital beträgt mindestens 25.000 €.. Leitung´s Organe sind die Geschäftsführer sowie die Gesellschafterversammlung die als Vertretung der Gesellschaft anzusehen ist. Unter bestimmten Voraussetzungen z.B. bei mehr als 500 Arbeitnehmern kann zusätzlich die Mitbestimmung greifen, also ein Aufsichtsrat muss gebildet werden.

49.1 Beschreiben Sie die wesentlichen Elemente einer KGaA!

Eine Kommanditgesellschaft auf Aktien - KG aA - ist eine Gesellschaft bei der das Kapital in Aktien aufgeteilt ist. Als Vorteil dieser Rechtsform kann angesehen werden, das Kapital über die Börse beschafft werden kann. Wird die Rechtsform erweitert bzw. ausgeweitet auf eine GmbH & Co. KG aA ist die Haftung zu 100 % auf das Gesellschaftsvermögen beschränkt. Es entsteht also keine persönliche Haftung mehr. Die Geschäftsführung liegt in dem Fall der GmbH & Co. KG aA automatisch bei den

Geschäftsführern der GmbH. Die Aktionäre - also die Kommanditisten - haben kein Mitspracherecht in der Geschäftsführung.

50.1 Beschreiben Sie die wesentlichen Elemente einer GmbH & Co. KG.

Bei der GmbH & Co. KG - einer anderen Mischform - sind die Vorteile der Kommanditgesellschaft mit denen der GmbH verbunden. Komplementär dieser Rechtsform ist die GmbH, was zur Folge hat das alle
Beteiligten nur beschränkt haftbar sind. Gleichzeitig bleibt sie aber eine KG was zur Folge hat das z.B. steuerliche Vorschriften für Personengesellschaften gelten.

51.1 Nennen sie Ziele von Unternehmenszusammenschlüssen!

Die Ziele von Unternehmenzusammenschlüssen können zum

Beispiel eine Erweiterung des Absatzmarktes sein, eine große Einkaufsmacht - mehrere kleine Unternehmen schließen sich zusammen um günstiger einkaufen zu können. Auch eine gemeinsame Nutzung von Vertriebsorganisationen kann Ziel solcher Zusammenschlüssen sein.

52.1 Worin unterscheiden sich vertikale und horizontale Zusammenschlüsse?

Bei horizontalen Zusammenschlüssen erfolgt der Zusammenschluss auf gleichen Produktions- bzw. Handelsstufe. Schließen sich Unternehmen aufeinander folgender Produktion- bzw. Handelsstufen zusammen sind dies vertikale Zusammenschlüsse.

53.1 Was versteht man unter den Begriffen „Konzentration und „Kooperation"?

Die Konzentration ist der Zusammenschluss von zwei oder mehr Unternehmen durch Kapitalbeteiligung. Mindestens ein Unternehmen oder auch mehrer verlieren hierbei ihre wirtschaftliche Selbstständigkeit.

Bei der Kooperation bleibt die wirtschaftliche Selbstständigkeit hingegen erhalten. Hierbei werden hauptsächlich bestimmte Formen der Zusammenarbeit abgesprochen. So können z.B. mehrere Unternehmen Kooperieren um günstigere Liefer- oder Zahlungsbedingungen auszuhandeln.

54.1 Ziele die mit eine Kooperation oder eine Konzentration verbunden sein können.

Ziele die bei diesen Formen angestrebt werden sind z.B. : Eine

Stabilisierung des Absatzmarktes, Beschränkung oder Ausschaltung des Wettbewerbs, Sicherung der Beschäftigung der Arbeitnehmer, gemeinsame Forschung, Zusammenarbeit zum Zweck der Rationalisierung.

Einzelnachweise

(1). Gabler Verlag (Herausgeber), Gabler Wirtschaftslexikon

(2). Walter A. S. Koch, Markus Fredebeul-Krein, Margareta Kulessa, *Grundlagen der Wirtschaftspolitik*, UTB, 2014, ISBN 9783825285562, S. 19-20

(3). W. M. Corden: *The Theory of Protection.* Oxford: Clarendon Press, 1971.

(4). vgl. Rolf Wunderer, *Systembildende Betrachtungsweisen in der Allgemeinen Betriebswirtschaftslehre*, 1967, S. 162

(5). Hans-Christian Pfohl, *Logistiksysteme*, 1996, S. 43 f.

(6). Gert von Kortzfleisch/Jan Osers/Heinz Bergner, *Betriebswirtschaftliche Unternehmensführung*, 1975, S. 137

(7). Hermann Witte, *Allgemeine Betriebswirtschaftslehre*, 2007, S. 23

(8). *Abgrenzung zwischen Industrie, Handel, Handwerk und Dienstleistungen*, IHK Berlin

(9). Willi Albers: *Handwörterbuch der Wirtschaftswissenschaft (HdWW).* Vandenhoeck & Ruprecht, 1980, ISBN 978-3-525-10257-2, S. 71

(10).   Friedrich Klein-Blenkers: *Rechtsformen der Unternehmen.* Hüthig Jehle Rehm, 2009, ISBN 978-3-8114-3263-5, S. 25

(11).   Marion Steven: *BWL für Ingenieure.* Oldenbourg Verlag, 2011, ISBN 978-3-486-70686-4, S. 39